D1732495

Ein Tag am
Frankfurter Flughafen

Mama und Papa arbeiten bei Fraport

Impressum

Herausgeber:
Fraport AG
Frankfurt Airport Services Worldwide
60547 Frankfurt am Main
www.fraport.de

Originalausgabe

© 2010 by Fraport AG

Idee: Martina Rost, Vorstandsbeauftragte der Fraport AG
Text: Dieter Kumpf (www.verlagdk.de)
Illustrationen & Grafik Design: Thomas Muth (www.tommyshark.de)

Bibliografische Information der Deutschen Nationalbibliothek

Die Deutsche Nationalbibliothek verzeichnet diese Publikation in der Deutschen Nationalbibliographie; detaillierte bibliographische Daten sind im Internet über http://dnb.d-nb.de abrufbar.

Alle Rechte der Verbreitung durch Schrift, Film, Funk, Fernsehen, Video, foto- oder computertechnische sowie künftige Medien sind vorbehalten. Bei Zuwiderhandlung und missbräuchlicher Verwendung kann Schadensersatz gefordert werden.

Printed in Germany

ISBN 978-3-941431-07-2

Das gelungene Kinderbuch „Mama und Papa arbeiten am Flughafen" hilft nicht nur Kindern, die Abläufe und die „besondere Welt" des Flughafens zu verstehen. Es wird Eltern, die auf dem Flughafen arbeiten, mit anschaulichen Bildern dabei unterstützen, ihren Kindern die Arbeitswelt zu erklären. Auch für Kinder, die mit dem Flugzeug verreisen oder einfach nur die Flughafen-Welt spannend finden, ist das Buch zu empfehlen – und wer findet diese besondere Welt des Flughafens nicht interessant?

Mit freundlichen Grüßen

Herbert Mai
Vorstand Arbeitsdirektor
Fraport AG

Inhaltsverzeichnis

I. Teil

II. Teil

III. Teil

IV. Teil

Fluggi-Land

Lea spielt bereits morgens um kurz nach acht Uhr mit ihren Freundinnen und Freunden. Ihr Vater hat sie schon vor Arbeitsbeginn ins Fluggi-Land gebracht. Das Fluggi-Land ist eine Einrichtung, in die Mamas und Papas, die am Flughafen arbeiten, ihre Kinder tagsüber für eine bestimmte Zeit bringen können und sie so in guten Händen wissen. Dadurch können Mama und Papa besser und ruhiger arbeiten und müssen sich nicht so viele Gedanken um ihre Kinder machen. Extra aus diesem Grund hat der Flughafen das Fluggi-Land aufgebaut; da man weiß, wie wichtig eine solche Einrichtung für viele Mamas und Papas ist. Denn viele wissen sonst nicht, wie ihre Kinder vernünftig betreut und beaufsichtigt werden, während sie arbeiten müssen. So sorgt der Flughafen bereits seit mehreren Jahren dafür, dass seine Beschäftigten eine Möglichkeit haben, ihre Kinder während der Arbeit betreuen zu lassen, wenn andere Betreuungs-möglichkeiten kurzfristig ausfallen. Das ist eine Einrichtung, die nur wenige Unternehmen bieten. Viele Mamas und Papas, die bei Fraport arbeiten, danken es mit motivierter Arbeit.

Die Kinder-Arche

Lea fühlt sich im Fluggi-Land so wohl, dass sie, immer wenn sie hierher kommen darf, ihren besten Freund, den Teddy mitbringt. So kann er hautnah erleben, welche tollen Spiele es hier gibt und vor allen Dingen auch ihre Freundinnen und Freunde kennenlernen.

Heute zeigt sie Teddy zum x-ten Mal ein Bild der „Kinder-Arche", einer weiteren Kinderbetreuungseinrichtung, mit dem Unterschied, dass hier bereits ganz kleine Kinder betreut werden.
Auf dem Bild ist ein Holzschiff mit vielen Tieren darauf zu sehen. Giraffen, Elefanten, eine Löwin und auch ein kleines Mädchen. Lea erzählt Teddy jedes Mal beim Anschauen des Bildes, dass sie es schon so oft angesehen und geträumt hat, dieses Mädchen zu sein. So ist Lea dann irgendwann der Gedanke gekommen, einmal dorthin zu gehen, wo all die Tiere zu Hause sind. Nein..., nicht in den Frankfurter Zoo, da war sie schon öfter mit Mama und Papa, nein, sie wollte dorthin, wo die Tiere richtig zu Hause sind

– nach Afrika. Und zu Hause hatte sie Mama von ihrer Idee erzählt. Dann hat Papa ein paar Tage später zu ihr gesagt, dass sie dieses Jahr in den Ferien dorthin fliegen werden, wo die großen Tiere zu Hause sind. Lea ist schon ganz aufgeregt, als sie Teddy das alles zum hundertsten Male erzählt und nun ist es bald soweit. Sie freut sich riesig darauf und kann es kaum mehr abwarten, bis die große Reise endlich losgeht.

Beim Packen

Da Leas Mama genau wie ihr Papa am Flughafen arbeitet, hat Mama sie heute vom Fluggi-Land abgeholt. Mama muss nicht so lange wie Papa arbeiten. So kann Lea zu Hause gleich damit anfangen, ihren Koffer für den Urlaub zu packen. Das ist aber gar nicht so einfach, sie muss überlegen, welche Farben ihre Kleider haben sollen, damit sich die Tiere nicht erschrecken. Denn weder die Elefanten, noch die Giraffen sollen sich erschrecken, wenn Lea sie besuchen kommt. Jedes Kleidungsstück muss Teddy anschauen, bevor Lea es in den Koffer legt. Teddy muss ja schließlich wissen, ob sich Tiere dadurch erschrecken lassen oder nicht. So hat sich Teddy als ihr eigener Modeberater hervorgetan. Dafür hat Lea ihm versprochen, dass sie ihn mit in den Urlaub nimmt. Auch Teddy ist schon richtig gespannt auf die vielen großen Tiere.

Wusstest Du,...

...dass es am Flughafen fast 14.000 Parkplätze für die Passagiere gibt?

Die große Reise beginnt

Lea hat kaum geschlafen. Sie kann es nicht erwarten, bis Mama und Papa endlich fertig sind und der Urlaub beginnt. Am Flughafen fahren sie mit dem Auto in eines der Parkhäuser. „Was macht der Mann da an der Schranke", fragt Lea ihren Vater. „Das ist Manfred, der Papa deines Freundes Fabian. Er arbeitet wie Mama und ich am Flughafen und sorgt mit seinen Kollegen dafür, dass die Schranken aufgehen und die Autos auf die Parkplätze fahren können. Deshalb schauen sie sich die Technik an den Schranken in festgelegten Abständen an, um dafür zu sorgen, dass diese nicht kaputt gehen. Und damit wir nicht im Dunkeln vom Parkplatz ins Terminal gehen müssen, wechseln sie auch rechtzeitig die Lampen aus. Denn die Lampen brennen Tag und Nacht. Irgendwann sind die Lampen dann kaputt. Bevor das jedoch passiert, tauschen die Kollegen die Lampen gegen Neue aus. So wird durch die Arbeit von Manfred und seinen Kollegen sichergestellt, dass wir völlig stressfrei unseren Urlaub beginnen und uns von Anfang an wohlfühlen können."

Lea findet das alles richtig aufregend, sie war noch nie zuvor in einem Parkhaus am Flughafen gewesen. Dass hier auch noch der Vater ihres Freundes Fabian arbeitet, hätte sie nie gedacht. Sie ist ja so aufgeregt.

9

Check-in

Lea ist mit ihren Eltern in der Zwischenzeit im Terminal 1 angekommen und sie stehen in einer Schlange. Langsam geht es vorwärts und dann endlich sind sie an der Reihe. Sie stehen vor einem Schalter den man „Check-in" nennt. Dort gibt man die Koffer für den Urlaub auf, damit man diese nicht die ganze Zeit tragen muss. Die Koffer gelangen dann wie von Geistern bewegt in das gleiche Flugzeug, in das man selbst einsteigt.

Und am Urlaubsort angekommen, bekommt man dann seine Koffer wieder. Lea staunt nicht schlecht, als sie hinter dem „Check-in" den Vater von Vanessa erkennt. Sie zupft Mama an der Hose und fragt ganz leise, was Vanessas Papa hier macht. Leas Mutter flüstert ihr zu: „Vanessas Vater arbeitet hier. Er begrüßt die Flugpassagiere und nimmt ihre Flugtickets und Koffer entgegen. Die Flugtickets tauscht er gegen die Bordkarten um, damit kommen wir dann in das Gate, einen Raum, von dem wir in das Flugzeug steigen. Außerdem werden die Koffer hier gewogen, denn sie dürfen ein bestimmtes Gewicht nicht überschreiten. Ansonsten müssen wir zusätzliches Geld für den Koffertransport bezahlen. Nachdem die Koffer gewogen sind, wird von Vanessas Vater noch ein Band am Griff jeden Koffers befestigt. Dieses Band wird zusammen mit der Bordkarte ausgedruckt, nachdem der Vater von Vanessa die Daten des Flugtickets in einen Computer eingegeben hat. So kann man seinen Koffer immer finden."

Lea ist ganz fasziniert. Bis heute wusste sie nicht, dass Vanessas Vater dafür verantwortlich ist, dass „ihr" Koffer in das richtige Flugzeug verladen wird. Darauf muss sie Vanessa unbedingt ansprechen, wenn sie im Fluggi-Land wieder mit ihr spielt.

Aber Lea entdeckt ständig neue, aufregende Sachen. Gerade wurde ihr Koffer auf einem Band weitergefahren und kam in einen rechteckigen Kasten. Dort wurde der Koffer hin und her bewegt, bevor er nach unten verschwand. Lea bekommt einen riesigen Schrecken. Wo war ihr Koffer geblieben? Vanessas Vater sieht den erschreckten Ausdruck auf Leas Gesicht und spricht in beruhigendem Ton auf sie ein: „Keine Angst Lea, Dein Koffer ist nun in eine Wanne gelegt worden und diese Wanne fährt jetzt durch den ganzen Flughafen zu Eurem Flugzeug. Du bekommst Deinen Koffer am Urlaubsort ganz bestimmt wieder". „Da bin ich aber froh", antwortet Lea, „vielen Dank Herr Brand und sagen Sie bitte Vanessa einen Gruß von mir". „Mach ich doch gerne Lea und Dir und Deinen Eltern wünsche ich einen ganz tollen Urlaub".

Die Gepäckförderanlage

Leas Koffer ist inzwischen in der Gepäckförderanlage, auch kurz GFA genannt, angekommen. Hier bewegen sich die Koffer aller Passagiere in entsprechenden Wannen auf Fahrspuren durch den ganzen Flughafen.

Diese Fahrspuren gehen über verschiedene Ebenen und so kommt es vor, dass sich plötzlich drei oder vier Fahrspuren übereinander befinden. Immer wieder kommen die Koffer dabei an Kreuzungen vorbei und jede Wanne weiß genau, wo sie und der in ihr liegende Koffer abbiegen muss. Es ist so, als wenn eine unsichtbare Geisterhand Leas Koffer bewegt, dieser biegt immer wieder auf die richtige Fahrspur ab. Damit stellt diese Geisterhand sicher, dass Leas Koffer auf der über siebzig Kilometer langen Gepäckförderanlage genau zur richtigen Zeit am richtigen Flugzeug ankommt. Am Ausgang der Gepäckförderanlage arbeiten die Papas vieler Kinder und sorgen dafür, dass die Koffer von der Gepäckförderanlage in Anhänger verladen werden. Die Koffer werden dann zum richtigen Flugzeug gefahren und dort eingeladen. Damit dies alles gelingt, muss sichergestellt sein, dass die unsichtbare Geisterhand alles richtig macht. Hierfür ist normalerweise Leas Vater verantwortlich. Da er jetzt aber im Urlaub ist, sorgen seine Kollegen und sein Vertreter dafür, dass die Geisterhand alles richtig macht.

Wusstest Du,...

...dass die GFA etwa 73 km lang ist? Hintereinander gelegt kämst Du damit von Frankfurt bis nach Heidelberg.

Kannst Du Leas Koffer sehen?

13

Sie sitzen vor einer großen Tafel, auf der viele Punkte leuchten und blinken. Das Team überwacht diese Tafel und beobachtet, ob irgendwo Fehler angezeigt werden.

So können die Kolleginnen und Kollegen von Leas Vater darauf achten, dass die guten Geister auch wirklich dafür sorgen, dass Leas Koffer pünktlich beim Flugzeug ist. Wenn an der Tafel eine Fehlermeldung erscheint, werden sofort die Monteure in der Gepäckförderanlage informiert. So können sie schnell an die richtige Stelle kommen und sofort mit der Reparatur beginnen. Nur mit diesen Menschen, die kein Passagier jemals zu Gesicht bekommt, kann der Flughafen sicherstellen, dass alles reibungslos funktioniert und die Fluggäste beruhigt in ihr Flugzeug steigen können.

Was passiert noch mit meinem Koffer?

Lea und ihre Eltern haben den „Check-in" verlassen und Leas Papa erklärt ihr, was jetzt mit ihrem Koffer alles passiert. Neben der „Achterbahnfahrt" durch den ganzen Flughafen muss der Koffer auch noch untersucht werden. Damit wir uns im Flugzeug sicher fühlen können, arbeiten viele Leute im Hintergrund, die wir als Passagier überhaupt nicht sehen können. Die Mama Deiner Freundin Sandra ist beispielsweise dafür verantwortlich, dass jeder einzelne Koffer durch ein Gerät gefahren wird, in dem man erkennen kann, ob gefährliche Gegenstände im Koffer sind oder nicht.

Wenn irgendetwas mit einem Koffer nicht stimmt, wird das untersucht.
Und erst, wenn alles geklärt ist, darf der Koffer in das Flugzeug verladen werden.
Damit man das untersuchen kann, gibt es auch speziell ausgebildete Hunde, die an den
Koffern schnüffeln. Wenn sie dabei etwas Gefährliches oder Verbotenes riechen,
fangen sie an zu bellen. Dann weiß sein Herrchen, dass mit dem Koffer etwas nicht
stimmt und dieser genauer untersucht werden muss. So können wir uns im Flugzeug,
dank Sandras Mutter, beruhigt
zurücklehnen und bereits den
Flug in den Urlaub ganz
entspannt genießen.

Wusstest Du,...

...dass es am Flughafen sogar eine
eigene Hundepension für die
Haustiere von Passagieren
und Beschäftigten
gibt?

Security

Die Sky Line...die Hochbahn am Flughafen

Wegen der spannenden Unterhaltung mit ihrem Vater hat Lea gar nicht mitbekommen, dass sie inzwischen am Bahnhof der Sky Line angekommen sind. Sie steigen ein und bekommen noch einen der Fensterplätze. So kann Lea neben Mama stehen und alles durch die Fenster beobachten. Sie staunt nicht schlecht, als die Bahn losfährt und niemand da ist, der diese steuert. „Das geht alles automatisch", hört Lea ihre Mutter sagen. „Hier gibt es niemanden mehr, der mitfahren und Gas geben oder bremsen muss", erklärt ihre Mutter weiter.

Lea ist schon wieder mit ihren Augen und Gedanken an einer ganz anderen Stelle. „Was wird denn da gemacht?" Sie sieht die Flugzeuge auf dem Vorfeld.

Diese stehen am Gebäude und um sie herum ist richtig was los, gerade wie auf einem Ameisenhaufen. „Hier werden die Flugzeuge für den nächsten Flug vorbereitet", erklärte Leas Mutter. „Siehst Du das Flugzeug rechts vorne? Da steht gerade der Pilot an den Reifen und prüft, ob alles in Ordnung ist. Das machen die Piloten immer vor dem Flug. Sie schauen sich alles noch einmal ganz genau an, denn sie haben ja eine große Verantwortung, bei so vielen Passagieren im Flugzeug. Oder sieh mal Lea, da links, das Flugzeug in der Mitte. Hier siehst Du das Förderband, auf dem gerade Koffer in das Flugzeug gefahren werden. Die werden unten von den Männern auf das Band gelegt und im Flugzeug von anderen Männern abgenommen und darin verstaut. Tims Papa ist auch einer von den Männern, die dafür sorgen, dass die Koffer in das Flugzeug kommen."
„Tims Vater?", fragte Lea ungläubig und betrachtete alles ganz aufmerksam.
Da sind sie auch schon vorbeigefahren und kommen kurz darauf im Bahnhof des Terminals 2 zum Stehen. Hier müssen sie aussteigen. In diesem Terminal fliegen sie ab.

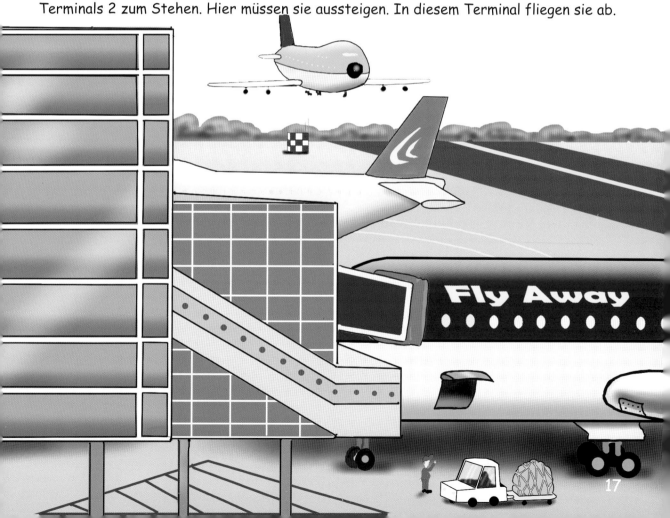

17

Die Besucherterrasse

„Bis zum Abflug haben wir noch jede Menge Zeit", hört Lea ihren Papa sagen. „Komm, Lea, wir gehen noch ein bisschen auf die Besucherterrasse, da können wir die ganzen Arbeiten rund um die Flugzeuge beobachten. Und Du siehst, wie die Flieger starten und landen." Lea steht mit ihren Eltern am Geländer der Besucherterrasse und beobachtet die vielen Flugzeuge vor sich. „Schau mal Lea, wir haben großes Glück. Da kommt gerade eine A380, das größte Passagierflugzeug der Welt", ruft ihr Mama zu.

Wusstest Du,...

...dass der Flughafen pro Jahr über 52 Millionen Fluggäste hat, so viele wie England Einwohner?

Leas Augen werden immer größer, so ein Flugzeug hat sie noch nie gesehen. Überall sind eine Menge Leute dabei, alles Mögliche zu tun und so dafür zu sorgen, dass die Flugzeuge wenig später wieder abfliegen können. Es gibt ja so viel zu sehen. „Schau mal Papa, da wird eine Treppe zu einem Flugzeug gefahren und dort, da fährt ein Bus zwischen den Flugzeugen." Leas Eltern sehen sich in die Augen und als Papa kurz mit dem Kopf nickt, wendet Mama sich zu ihr: „Lea, komm mal mit uns, wir sind extra lange vor Abflug hierher gekommen, damit wir mit Dir noch etwas ganz Spezielles machen können." Leas Augen werden ganz groß: „Was denn, was denn…?"

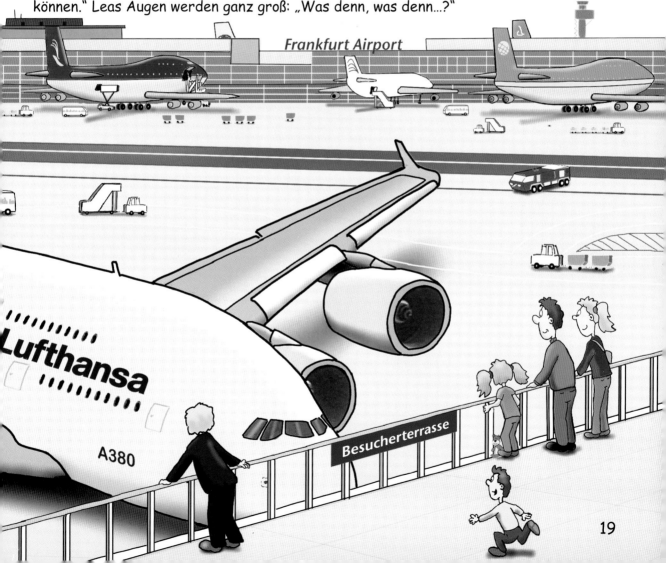

Die Flughafen-Rundfahrt

Lea sitzt mit ihren Eltern und riesigen, freudigen Augen in einem großen Bus. „Eine Flughafen-Rundfahrt, die Überraschung ist eine Flughafen-Rundfahrt", jubelt Lea. Der Bus fährt durch mehrere Tore innerhalb des Flughafens in den Bereich, in dem die ganzen Flugzeuge stehen. „Papa, warum steht denn Maikes Mama da vorne neben dem Fahrer?" „Maikes Mama wird uns bei dieser Rundfahrt ganz viel erklären, was überall gemacht wird und welche Flugzeuge von welcher Airline sind. Außerdem erzählt sie uns viele weitere interessante Dinge über den Flughafen, seine Beschäftigten und über die Flugzeuge. Und da beginnt Maikes Mama auch schon, den Gästen der Flughafen-Rundfahrt allerlei zu erzählen.

Sie fahren nahe an den Flugzeugen vorbei und da sieht Lea auch schon Tims Vater. Aber er kann sie nicht rufen hören und einen kurzen Augenblick später sind sie schon vorbei. „Kuck mal Papa, was ist denn das da für ein komisches Auto?" Ihr Papa beugt sich zu ihr und schaut, welches Fahrzeug Lea im Auge hat. „Das ist ein Tankfahrzeug. So eines fährt Sefus` Papa. Oh Mann, was wir heute aber ein Glück haben Lea, da ist ja Sefus` Papa. Siehst Du ihn, dort hinter dem Tankfahrzeug?" „Jaaaaahhhh", schreit Lea, „und ich weiß, dass er so eine dunkle Hautfarbe hat, weil er aus Afrika gekommen ist". „Genau Lea", sagt ihr Papa. „Er kommt aus Nigeria und arbeitet hier am Flughafen als Fahrer eines Tankfahrzeugs. Das Benzin, das getankt wird, heißt übrigens Kerosin. Am Flughafen in Frankfurt ist so viel Betrieb, dass Kerosin-leitungen unter der Erde verlegt sind. Diese Kerosinleitungen gehen an alle Flugzeugabstellpositionen.

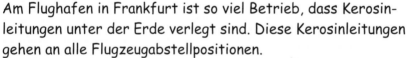

So wird von den Tankfahrzeugen nur ein Schlauch an den Leitungen befestigt und das andere Ende des Schlauchs am Flugzeug. Und schon fließt das Kerosin in das Flugzeug." Lea ist so fasziniert, dass sie gar nicht merkt, wie sie längst weitergefahren sind. Inzwischen sind sie schon fast in der Nähe von den startenden Flugzeugen. Lea hat den Urlaub und die großen Tiere ganz vergessen. Erst als die Rundfahrt zu Ende ist und sie ihren Teddy in den Arm nimmt, ist sie mit den Gedanken wieder bei den Tieren auf dem Bild der Kinder-Arche, sie sehnt sich danach, endlich bei den großen Tieren zu sein. Da hört sie Mama sagen: „Komm Lea, wir gehen noch schnell eine Kleinigkeit essen. Aber erst müssen wir noch durch die Sicherheitskontrolle."

21

Die Sicherheitskontrolle

Lea steht mit ihren Eltern an einer kleinen Schlange an der Sicherheitskontrolle. Gerade hat ihr Papa einem Mann die Bordkarten gezeigt, damit sie weitergehen durften. Das war ein Mann der Sicherheitskontrolle. Leas Mama hat ihr ins Ohr geflüstert, dass dieser Mann Herr Müller, der Vater ihrer Freundin Nele war. Lea ist überrascht, denn Herrn Müller hatte sie mit Anzug und Krawatte gar nicht wiedererkannt. Aber bevor sie sich zu sehr damit beschäftigen kann, sieht sie vor sich auch schon die nächsten Bekannten. „Du Mama, das da vorne ist doch Jaquelines Mama und die Frau hinter dem schmalen Tor, das ist doch die Mama von Franzi." „Ja", antwortet ihre Mama, „Franzis Mama durchsucht die Frauen mit ihrer Sonde in der Hand und der Mann daneben macht das Gleiche für die Männer." „Das kenne ich schon, das ist doch genauso wie beim Eingang zur Besucherterrasse", sagt Lea schnell und aus ihrer Stimme klingt dabei richtiger Stolz. Sie hatte vorhin sehr gut aufgepasst. „Genau", sagt ihr Vater zu ihr. „Aber das Gerät, an dem Jaquelines Mama steht, kennst Du noch nicht. Hier werden alle Gegenstände geprüft und untersucht, ob Du auch nichts Verbotenes dabei hast. Das kann man an einem Bildschirm erkennen. Jaquelines Mama schaut auf diesen Bildschirm und kann dort Entsprechendes sehen. Deshalb ist sie auch hinter dem Gerät, denn da ist der Bildschirm. Wenn alles in Ordnung ist, bekommt man seine Sachen auf der anderen Seite wieder."
„Warum haben die das denn nicht auch für die Besucherterrasse so gemacht?", fragt Lea erstaunt. „Dort wurde doch auch in Mamas Handtasche geschaut."
„Ja, dort hat jemand diese aufgemacht und reingeschaut. Das geschieht hier nur, wenn Jaquelines Mama etwas sieht, was sie

nicht genau erkennen kann. Das geht dann viel schneller und hier sind ja auch viel mehr Leute. Schließlich starten und landen ja in Frankfurt pro Tag über 1.000 Flieger", erklärt Leas Papa. Lea schaut sich alles genau an. Als sie endlich an der Reihe sind, hebt Lea ihren Teddy hoch und erklärt ihm alles, was hier passiert. „Hallo Lea, komm bitte zu mir", hört sie Franzis Mama sagen. Voller Stolz sagt Lea: „Siehst Du Teddy, Franzis Mama schaut jetzt nach, dass ich auch nichts Verbotenes mit in das Flugzeug nehme. Und bei Dir schaut sie auch ganz genau nach". Franzis Mama lächelt Lea an und beginnt mit der Durchsuchung. Auch Leas Teddy wird durchsucht. „Da hast Du aber Glück gehabt, Teddy, wenn ich jetzt etwas gefunden hätte, müsste Lea ohne Dich in Urlaub fliegen", spricht Franzis Mama kurz darauf Leas Teddy ganz ernst an. Danach wendet sie sich schmunzelnd zu Lea: „So Lea, jetzt darfst Du weitergehen und ich wünsche Dir, Deinen Eltern und Teddy einen ganz tollen Urlaub." Lea strahlt über das ganze Gesicht und wartet, bis auch Mama und Papa weitergehen dürfen.

Wusstest Du,...

...dass jeder einzelne Passagier und alles Gepäck untersucht werden, bevor sie in das Flugzeug dürfen?

23

Im Restaurant

Die Bedienung lächelt, als sie Lea anspricht: „Na, Lea, was möchtest Du denn trinken?" Lea stutzt und schaut auf die Bedienung. „Hallo Frau Leclerc, was machen Sie denn hier? Und wo ist Jaqueline?", platzt es aus Lea heraus, als sie die Mama ihrer allerbesten Freundin erkennt. Jaquelines Papa hat sie ja gerade bei der Sicherheitskontrolle gesehen. „Jaqueline ist zu Oma und Opa nach Frankreich gefahren und ich arbeite in diesem Restaurant und bediene die Gäste. Und heute seid Ihr, Du und Deine Eltern, unsere Gäste, da bediene ich Euch sehr gerne. Übrigens Lea, schau mal da drüben, da hinten läuft gerade die große Service-Aktion, die Fraport für alle Passagiere ins Leben gerufen hat: „Great to have you here!" nennen sie diese und heute gibt es eine Kinderschmink-Aktion. Da können sich Kinder an dem Tisch da vorne schminken lassen. Du darfst auch gerne hingehen, wenn Deine Eltern es erlauben."

Nachdem Lea ihr Getränk und einen Hamburger bestellt hat, kann sie sich endlich in aller Ruhe umschauen. Hier war sie noch nie.

24

Papa hatte ihr gesagt, dass der Bereich „Transit" heißt und dass man hier nur hinein darf, wenn man weit weg fliegt. „Hier sind ja so viele Geschäfte", ruft sie ihren Eltern zu. „Ein Brillengeschäft und ein Laden mit Parfüm. Und hier kann man ja sogar in ein Café gehen oder sich beim Bäcker leckere Sachen holen", staunt Lea. Und dann die vielen Menschen. Ein ständiges Kommen und Gehen. Menschen aus der ganzen Welt treffen sich hier. Lea kommt aus dem Staunen gar nicht mehr heraus, ständig entdeckt sie neue Dinge. Dann bleiben ihre Augen an einem kleinen Tisch hängen, an dem eine Frau das Gesicht eines Kindes bemalt. „Wie war das", denkt Lea, „,Great to have you here!` heißt die Aktion von Fraport". Als das Essen gebracht wird, macht Lea sich über den Hamburger her, denn so ein aufregender Tag am Flughafen macht ganz schön hungrig. Und dann, dann wird es endlich Zeit, aufzustehen und in Richtung Flugzeug zu gehen.

Plötzlich sind Sie wieder da, die wilden Tiere in Leas Gedanken.

Wusstest Du...

...dass es am Flughafen über 220 Geschäfte und Restaurants gibt, in denen man fast alles kaufen kann?

Im Gate

Als Lea mit ihren Eltern endlich das Gate erreicht hat, setzen sich ihre Eltern auf zwei Sitze in der Nähe des Fensters. Lea aber steht schon an der großen Fensterfront und schaut auf das riesige Flugzeug, das vor ihr steht. Unten, am Boden, sind viele Leute damit beschäftigt das Flugzeug zu beladen, zu betanken und viele andere Dinge zu tun.

Sogar Fracht wird in das Innere des Flugzeugs eingeladen. Jetzt sieht Lea einen großen Container, der gerade in den Bauch der Maschine geschoben wird. Dafür ist ein Teil des Flugzeugs geöffnet worden; denn ein so großer Container muss ja auch hineingehen. Dafür gibt es spezielle Türen, die jetzt offen sind.

Lea betrachtet sich das Flugzeug, in das sie einsteigen werden, ganz genau. Als sie die vorderen Scheiben beobachtet, winkt ihr plötzlich ein Mann zu. „Das ist ja der Pilot" ruft Lea so laut, dass ihre Eltern den Kopf heben und zu ihr sehen.

CARGO

Lea winkt zurück und der Pilot lacht. Dann wendet er sich wieder seinen Vorbereitungen zu. Schließlich ist er für das Wohlergehen seiner Passagiere verantwortlich.

Das Boarding

Lea schaut immer noch begeistert auf das große Flugzeug und was drumherum alles geschieht. Plötzlich hört sie eine Stimme aus dem Lautsprecher. „Sehr geehrte Fluggäste, wir sind jetzt zum Einsteigen bereit und bitten Sie, sich zum Einsteigen fertig zu machen. Halten Sie bitte hierfür Ihre Bordkarten bereit."

Lea läuft ganz schnell zu ihren Eltern, denn jetzt endlich darf sie in das Flugzeug. „Komm Papa, steh doch auf Mama, wir müssen in das Flugzeug." Lea ist ganz aufgeregt und so wollen ihre Eltern sie nicht länger warten lassen. Sie stehen auf und gemeinsam reihen sie sich in die Menschenschlange zum Einsteigen ein.

Nachdem sie ihre Bordkarten vorgezeigt haben und auf dem Weg in das Flugzeug sind, sagt Lea zu ihrem Papa: „Papa, die Frau eben, die kenne ich auch!" „So, woher denn, Lea?" „Die Frau holt immer den Florian vom Fluggi-Land ab, das ist seine Mama. Florian ist ein Junge, der auch öfter mal bei uns im Fluggi-Land ist", sagt Lea und hebt dabei voller Stolz ihren Kopf in die Höhe. Ihr Papa lächelt sie an und da stehen sie auch schon an der Eingangstür des Flugzeugs. „Jetzt geht die Reise in den Urlaub wirklich los und ich sehe bald die ganzen wilden Tiere", denkt sich Lea und ist dabei ganz glücklich.

Im Flugzeug

Was ist das denn? Fällt Dir auf dem Bild etwas auf?
Lea sitzt auf ihrem Sitz und hat ganz viele Streifen im Gesicht. Schwarze und weiße.
Was ist denn da passiert? Weißt Du das vielleicht?

Na klar, Lea war bestimmt beim Kinderschminken der Fraport-Aktion „Great to have you here!". Ihre Eltern hatten ihr erlaubt, sich noch schminken zu lassen, bevor sie vom Restaurant zum Gate gegangen sind. Daher sieht sie im Gesicht jetzt aus wie ein Zebra. Das passt ja auch so schön zu ihrem Urlaub in Südafrika.

„Da..., Mama kuck mal, da unten, mein Koffer!
Den laden die gerade auf einem Band in das Flugzeug.
"Mama schau... schnell."
Leas Mama schaut aus dem
Fenster und sieht den Koffer
gerade noch im Bauch des
Flugzeugs verschwinden.
„Ja, Lea, dann weißt Du ja
jetzt, dass Dir Vanessas
Vater nicht zuviel versprochen
hat, als er Dir beim Check-in
gesagt hat, dass Dein Koffer ganz
bestimmt im richtigen Flugzeug sein wird."
Dabei schmunzelt sie und zwinkert mit ihren
Augen. „Aber Mama, das habe ich doch gleich
gewusst", schwindelt Lea sie an, ein bisschen
Angst, dass der Koffer nicht in das Flugzeug
kommen würde, hat sie schon gehabt.

Die Flugbegleiterinnen und Flugbegleiter haben bereits Zeitungen ausgeteilt und während Leas Papa in der Zeitung liest, beobachtet Lea das Kofferverladen ganz genau weiter. Vielleicht, ja vielleicht, sieht sie ja auch noch die Koffer von ihren Eltern. Während Lea alles genau beobachtet, füllt sich der Flieger immer mehr und die Arbeiten außerhalb des Flugzeugs werden immer weniger. Schon begrüßt sie der Pilot an Bord und verkündet, dass es gleich losgehen wird.

Der Start

Während das Flugzeug langsam zur Startbahn rollt, merkt Lea, wie müde sie der Tag am Flughafen doch gemacht hat. Sie gähnt ganz kräftig und nimmt ihren Teddy ganz fest in den Arm. Bald wird sie die großen Tiere ganz, ganz nah bei sich sehen.
Und dann sieht sie in Gedanken die ganzen Mamas und Papas ihrer Freunde, die sie heute getroffen hat nochmals an sich vorbeiziehen. Sie arbeiten alle am Flughafen und doch haben alle eine andere Arbeit zu machen. So hat sich Lea das nicht vorgestellt. Überhaupt wusste sie bisher sehr wenig von der Arbeit der ganzen Mamas und Papas. Jetzt aber hat sie gesehen, was die Mamas und Papas auf dem Flughafen machen. Und so hat sie gelernt, dass ihr Papa und ihre Mama nicht einfach zur Arbeit gehen, damit sie ein paar schöne Stunden haben, nein, sie haben dort wichtige Aufgaben zu tun. Jede Frau und jeder Mann wird gebraucht, damit der Flughafen funktioniert und die Flieger mit den Fluggästen starten und landen können. Das muss sie unbedingt mit ihren Freundinnen und Freunden besprechen, wenn sie wieder im Fluggi-Land ist.

Das Flugzeug steht an seinem Startplatz und die Turbinen fangen an, sich immer schneller und schneller zu drehen. Das Flugzeug beginnt zu rollen, schneller und schneller. Man merkt ganz leicht die Startbahn unter den Rädern und plötzlich wird das Flugzeug ruhiger. Die Maschine hat abgehoben und steigt hinauf in den Himmel, der roten Abenddämmerung entgegen.
Lea ist bereits eingeschlafen und träumt davon, wie sie zusammen mit den großen Tieren in Afrika spannende Abenteuer erlebt. Damit sie richtig gut schlafen kann, legt ihr eine der Flugbegleiterinnen ein Kissen hinter ihren Kopf. Leas Mama lächelt ihr zu.

Es wird ein toller Urlaub!

Rätselfragen

- In dem Buch gibt es sehr oft den Fluggi, das kleine Flugzeug des Flughafens, zu sehen. Weißt Du, wie viele Fluggis es in dem Buch gibt?

- Weißt Du, warum Lea im Flugzeug plötzlich im Gesicht angemalt ist?

- Weißt Du, wie die Anlage heißt, die das Gepäck in das richtige Flugzeug bringt und wie lang sie ist?
Frage Deinen Papa oder Deine Mama, wie weit Du damit von Deinem Wohnort aus wegfahren kannst.

- Weißt Du, welche Tiere man am Flughafen abgeben kann, damit es ihnen gut geht, wenn man in Urlaub ist?

- Weißt Du, warum man untersucht und durchleuchtet wird, bevor man in das Flugzeug steigen darf?

Findest Du die zehn Fehler?
Du kannst die Bilder auch ausmalen....